글 **황시원**

대학에서 국어국문학을 전공했습니다. 잡지사와 출판사, 애니메이션 회사에서 일했습니다.
현재는 출판사 파란소나기 대표로 콘텐츠와 출판물을 기획하고 집필하고 있습니다.
네이버 지식백과 〈만화로 보는 교과서 인물〉, 쥬니버와 아울북 인터랙티브 〈동화 만들기〉 콘텐츠를 만들었으며
쓴 책으로는 《나는 커서 뭐가 될까?》, 《노벨상 수상자 50인의 특강》, 《마법천자문 속담사전》,
《초등교과서 어휘능력 12000》, 《EBS 철학 학교 1》 등이 있습니다.

글 **한고은**

대학에서 사회학을 전공하고, 잡지사에서 기자로 일했습니다.
현재 파란소나기 기획창작 그룹 팀장으로 '스토리다움', '스토리나인'을 이끌며 콘텐츠와 출판물을 기획하고 집필하고 있습니다.
네이버 지식백과 〈만화로 보는 교과서 인물〉, 쥬니버와 아울북 인터랙티브 〈동화 만들기〉 콘텐츠를 만들었으며
쓴 책으로는 《고사성어월드》, 《스도쿠월드》 등이 있습니다.

그림 **도니패밀리**

귀여운 그림과 재미있는 표정 연출이 주특기인 신재환, 정동호 두 그림작가로 이루어진 팀입니다.
그림을 보면서 즐거워하는 독자들의 모습을 상상하면서 신나게 작업하고 있습니다.
펴낸 책으로는 《구해줘 카카오프렌즈》, 《몰입영어 월드트레블》 등이 있습니다.

감수 **황신영**

이화여자대학교 과학교육과를 졸업하고, 동대학원에서 박사 학위를 받았습니다.
현재 이화여자대학교 사범대학부설 영재교육원에서 근무하며, 대학생을 가르치고 있습니다.
쓴 책으로 《멘델이 들려주는 유전 이야기》, 《윌머트가 들려주는 복제 이야기》,
《초등과학 개념사전》, 《초등학생이 꼭 알아야 할 미생물 이야기 33가지》 등이 있으며,
번역한 책으로는 《천재들의 과학노트: 과학사 밖으로 뛰쳐나온 생물학자들》, 《현대 과학의 이정표》가 있습니다.

# 매직 엘리베이터

라인프렌즈 지식그림책

## 인체

글 황시원, 한고은 | 그림 도니패밀리 | 감수 황신영

아울북

# 매직 엘리베이터 클럽

엘베르토

엘베르토와 함께 매직 엘리베이터를 타고 세상의
모든 지식을 찾아 모험을 하는 클럽이다.
매직 엘리베이터 클럽을 줄여서 '매직 엘리 클럽'이라고도 한다.
호기심이 늘 샘솟는다면
누구나! 매직 엘리 클럽의 회원이 될 수 있다.

매직 엘리베이터를 타면 나타난다.
누구인지, 어디서 오는지 알 수 없다.
모르는 게 없다. 그만큼 말이 많다.
아직도 알고 싶은 게 너무 많다.

## 매직 엘리 클럽 규칙

- 하나. 궁금한 건 참지 않는다.
- 둘. 매직 엘리베이터를 타고 신나게 모험을 즐긴다.
- 셋. 모험을 한 후 내 마음대로 보고서를 쓴다.

### 매직 엘리베이터

평소엔 평범한 엘리베이터다.
호기심이 발동하는 순간
매직 엘리베이터가 된다.
매직 엘리베이터는
시간과 공간을 초월한다.
매직 엘리베이터의 능력과 한계는
아직 밝혀지지 않았다.

# ★ 매직 엘리 클럽 회원 소개 ★

라인 아파트에 사는 사이좋은 친구들.
우연히 매직 엘리베이터의 비밀을 알게 되었고,
엘베르토와 함께 매직 엘리베이터를 타고 마법 같은 여행을 한다.

"세상에는 궁금한 것도, 알아 갈 것도, 경험할 것도 너무 많아!
정말 신나는 일이야!"

**브라운**
무뚝뚝, 무표정하지만
곁에 있는 것만으로
든든한 친구.

**코니**
열정과 에너지가
넘치는 친구.

**초코**
브라운의 동생.
궁금한 것도,
꿈도 많은 친구.

**에드워드**
책을 좋아하고,
스피드를 즐기는
친구.

**레너드**
미스터리를 좋아하고,
엘베르토의 비밀에
관심이 많은 친구.

**제시카**
언제나 명쾌하고
똑 부러지는 친구.

**샐리**
친구들 중 가장 힘이 세고,
엘베르토만큼 수다스러운
친구.

**팡요**
집에 있는 것을 제일
좋아하는 친구.

101
오늘은 뭔가
수상한 공기의 흐름이
느껴지는군.
마침 출출했는데
잘 먹으마!
제가 만든
햄버거예요.

엘리베이터 타는 건 언제나 즐거워~.
전국 순회 강연
"그것을 알려 주마!" 내 몸의 모든것
-선착순 마감-
강연
튼튼 병원 이사 제임스
똥을 보면 건강이 보인다.
새로나온 책
인체백과
헌혈로 사랑을
07
?
알립니다!
독서 클럽
탁구…
몽땅 세일!
오늘따라 엘리베이터가 달라 보이는데?

덜컹거리는 소리와 함께 오래된 엘리베이터가 힘겹게 움직이기 시작했어.
덜컹
05
끼이이익
그때 수상한 소리가 났어. 풀피리 소리 같기도 하고, 풍선에서 바람이 빠지는 소리 같기도 했지.
뽀오옹
푸쉬이
03
"누구야! 누가 방귀 뀌었어?" 분명 누군가 배 속이 불편한 게 틀림없어. 냄새가 정말 지독했거든.
누구야? 누구?
이런 지독한 방귀 냄새는 처음이라고!
도리
도리

"뿌우우우웅파팡와다다다빵!"
또 한 번 굉장한 방귀 소리가 났어. 엘리베이터 안이 뿌연 연기로 뒤덮였지. 앞이 보이지 않을 정도로 말이야.
지진이야!
우웩~!
윽~ 방귀는 왜 나오는 거야?
몸속에 들어가 보지 않는 이상 알 수 없지!
뿌웅
뿡
갑자기 엘리베이터가 흔들리기 시작했어. 버튼에 불이 번쩍번쩍 들어오더니, 숫자들은 온데간데없고, 이상한 그림들이 나타났어.
뭐야?
무슨 일이 벌어지고 있는 게 분명해!
번쩍
뭔가 번쩍인 것 같은데? 설마?
모두들 정신이 없었지만, 호기심 가득한 눈빛이었어. 호기심이 발동하는 바로 지금, 마법이 시작되는 순간이야!
버튼이 변했다.
브라운 안 돼~.
움직인다!
방귀의 비밀을 풀 모험이 시작되겠군!

덜커덕. 엘리베이터는 1.5 층에서 멈췄어. 문이 열리자, 레드 카펫 위에서 엘베르토가 우리를 맞이했지.

엘베르토는 지금부터 사람의 몸속을 탐험할 거라고 말했어.

"소화 기관부터 출발할 거야. 방귀의 비밀을 밝힐 수 있는 곳이지. 이런 이런, 침이 고이는 걸 보니 곧 음식이 들어올 모양이군."

혀 아래에서 끈적한 침이 올라올 때 누군가 소화가 뭐냐고 물었어.

"소화는 우리가 먹은 음식물의 영양소를 몸에 잘 흡수하도록 작게 만드는 과정이야. 입에서부터 시작되지."

그 순간, 입이 쩍 벌어지더니 커다란 햄버거가 들어왔어. 제각기 다른 모양의 이가 햄버거를 자르고, 부수고, 으깨기 시작했지. 그때부터 입 안은 아수라장이 되었어. 우리는 햄버거처럼 되지 않으려고 이를 피하는 동시에, 꿀렁꿀렁 움직이며 음식물을 휘젓는 혀도 피해야 했지. 하지만 여기저기서 나오는 침을 피할 순 없었어. 엘베르토는 우리를 도울 생각이 없어 보였고 말야.

이는 음식물을 잘게 쪼갠다. 보통 아이는 20개, 어른은 28~32개의 이를 가지고 있다.

혀는 음식물을 잡고, 뒤집어 침과 잘 섞이게 한다. 또 잘게 부서진 음식물을 목구멍으로 넘긴다.

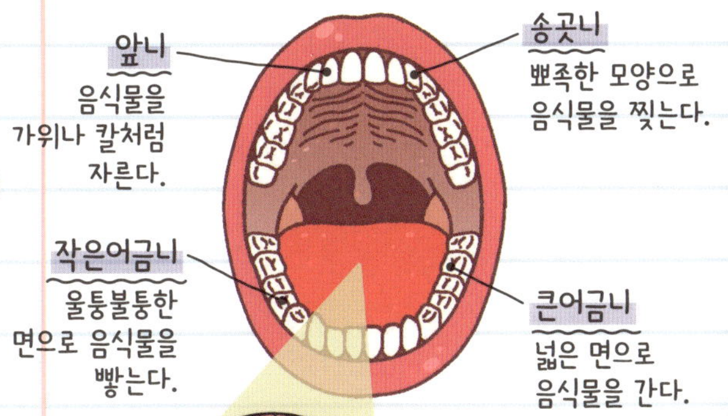


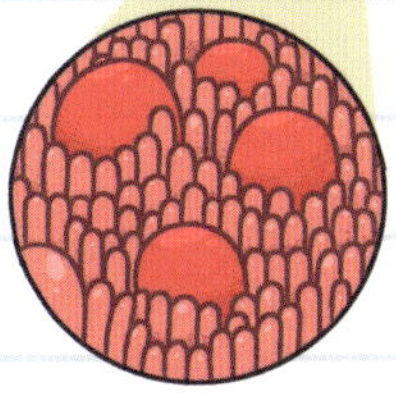

혓바닥은 표면이 거칠어서 음식물을 잘 잡아 준다.

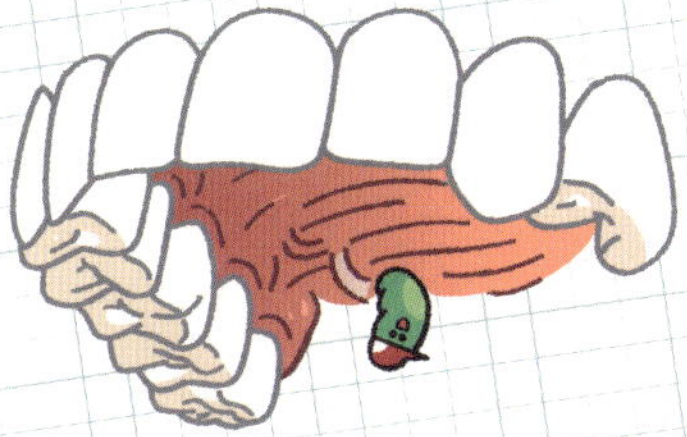

울퉁불퉁한 입천장은 음식물이 곧바로 식도로 넘어가는 걸 막아 준다.

침은 하루에 1.5리터 정도 나온다. 침 속에 '아밀레이스'라는 소화 효소는 밥이나 빵 같은 탄수화물을 당분으로 바꾼다.

**과학 낱말 사전**

소화 효소: 몸에 잘 흡수될 수 있도록 영양소를 잘게 부수어 주는 단백질.

꿀꺽꿀꺽, 우리는 으스러진 햄버거 조각과 함께 좁은 터널 속으로 밀려 내려갔어. 한 번씩 터널이 꿀렁거렸지. 엘베르토는 별거 아니라는 듯 말했어.

"우리는 음식과 함께 식도를 통과하고 있어. 위로 내려가는 중이야."

위에 도착하자 엘베르토는 신이 났나 봐.

"자, 이제부터 힘찬 소화의 과정을 맛보게 될 거야."

## 물구나무를 서도 음식물을 삼킬 수 있을까?

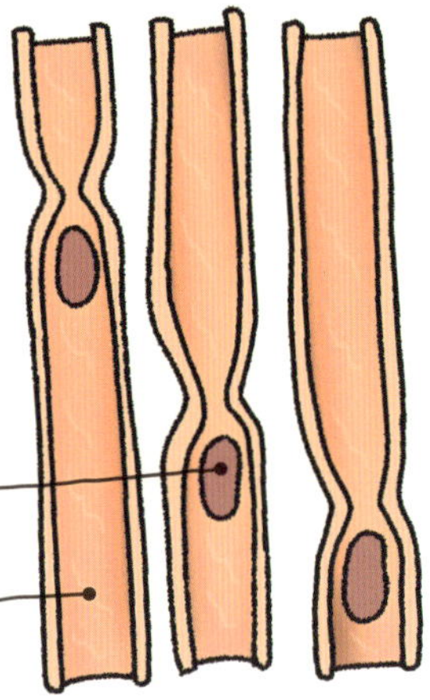


식도는 규칙적으로 오그라들었다 펴져서 음식물이 위까지 잘 갈 수 있게 해 준다. 이것을 '연동운동'이라고 한다. 이 때문에 물구나무를 서도 음식물을 삼킬 수 있다.

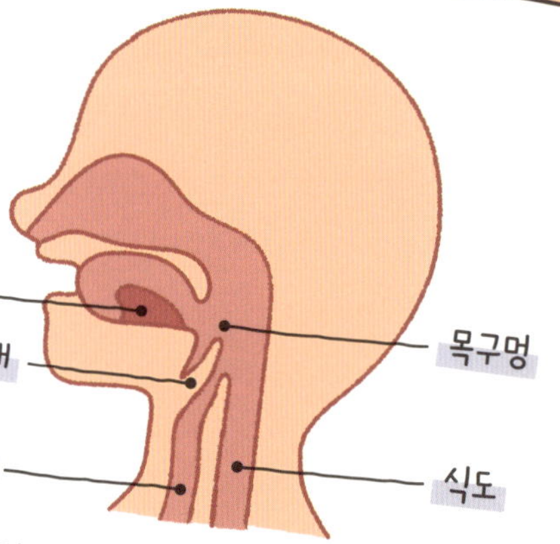


- 목구멍 아래쪽에는 음식물이 지나가는 길인 '식도'와 공기가 드나드는 길인 '기도'가 있다.
- 음식물이 들어오면 후두덮개가 닫혀 음식물이 기도로 들어가지 않게 한다.
- 음식물이 기도로 잘못 넘어가면 기침을 해 음식물을 뱉어 낸다.

### 레너드 수첩

엘베르토는 멀미하지 않음.

위벽은 힘센 근육으로 되어 있어. 근육을 이용해 음식 조각들을 휘젓고, 쥐어짜고, 으깨지. 위벽에선 소화액도 뿜어져 나와 음식물과 출렁거리며 뒤섞여."

엘베르토는 쉴 틈 없이 떠들었어. 우리는 음식물과 함께 계속 출렁거렸지. 결국 레너드는 멀미를 하고 말았어.

햄버거 조각들이 죽처럼 걸죽해졌을 때 엘베르토가 말했어.

"이제 다음 장소로 가 볼까?"

- 힘이 센 위벽은 오그라들었다 펴졌다 하며 음식물을 죽처럼 만든다. (기계적 소화)
- 위에서 나오는 소화액으로는 세균을 죽이는 염산과 고기나 달걀 같은 단백질을 분해하는 펩신 등이 있다. (화학적 소화)

위는 텅 빈 주머니 모양이고, 안쪽에 주름이 많다. 음식물이 들어오면 주름이 펴지며 위의 크기가 커진다.

### 트림은 왜 하는 거야?

사람은 음식을 먹을 때 공기도 같이 삼킨다. 이 공기가 모여서 위가 꽉 차면 거꾸로 올라와 입으로 나오게 되는 경우가 있다. 이것이 트림이다.

우리는 위를 지나 작은창자로 왔어. 작은창자는 좁고 구불구불한 긴 터널 같았어. 작은창자 벽은 손가락 모양 같은 무언가로 잔뜩 덮여 있었지.

“이건 융털이야. 분해된 음식물의 영양소를 빨아들이는 역할을 하지.”

엘베르토는 이렇게 말하고 눈을 감았어.

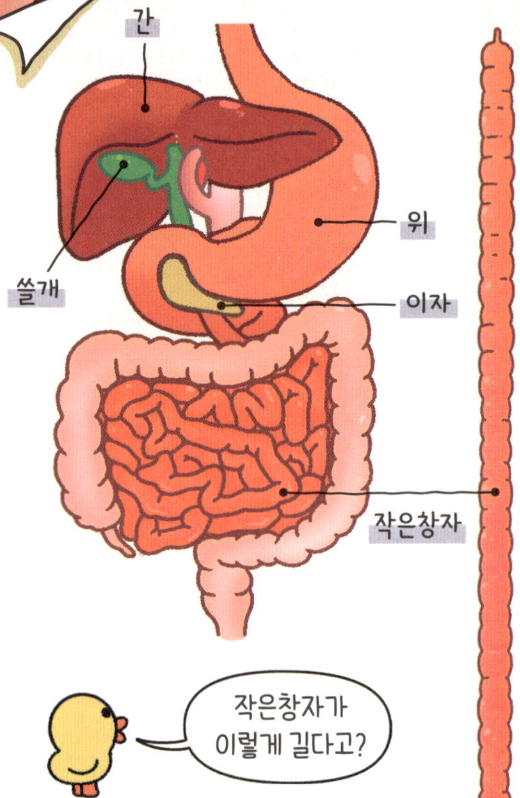


- 작은창자를 길게 펼치면 5~7미터의 길이에 굵기는 3센티미터 정도다.
- 작은창자는 길고 융털이 많아서 음식물의 영양소가 잘 흡수된다.
- 음식물이 작은창자를 통과하는 데는 3~6시간 정도 걸린다.

쓸개즙은 작은창자로 분비되어 버터, 참기름과 같은 지방을 분해하는 데 도움을 준다. 쓸개즙은 간에서 만들어지고 쓸개에서 보관한다.

작은창자에서는 이자액과 장액이 나와 위에서 분해하지 못한 음식물을 소화시킨다.

"이제부터 아주 지루하고도 긴 시간이 계속될 거야."
우리는 음식물과 함께 계속 꿀렁꿀렁 밀려가기만 했지. 어찌나 지루한지 깜빡 잠이 들 정도였어. 엘베르토가 우리에게 선택을 강요하기 전까지 말이야.

과학 낱말 사전

융털: 작은창자 안쪽 벽에 있는 작은 돌기.

큰창자에 도착하자 온몸에 힘이 빠지고 숨이 막혔어. 멀쩡한 건 엘베르토뿐이었지.

"꽤 답답할 거야. 큰창자는 소화되지 않은 음식물 찌꺼기에서 수분을 흡수해. 이 매직카드에 방귀의 비밀이 숨어 있으니 잘 살펴보라고."

## ~ 음식의 소화 과정 ~

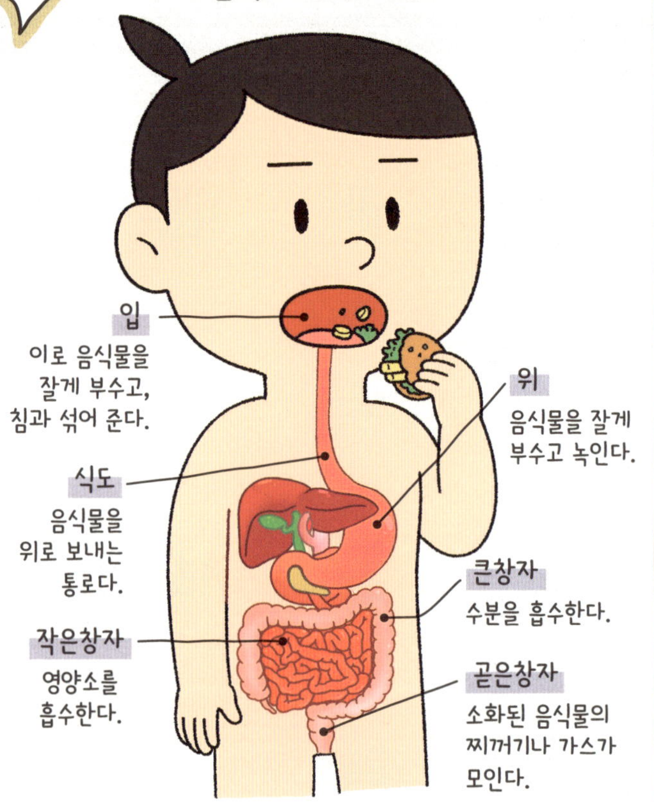


- 입부터 시작되는 소화기관의 길이는 약 9미터다.
- 모든 소화 과정이 끝나는 데는 하루 이상이 걸린다.
- 소화가 끝난 음식물 찌꺼기가 바로 똥이다.

### 곧은창자에 모이는 가스가 바로 '방귀'

작은창자와 큰창자에서 음식물을 분해할 때 생긴 가스가 곧은창자에 모여 있다가 항문을 통해 나간다. 보통 사람은 하루에 0.5리터 정도의 방귀를 뀐다.

### 3대 영양소

사람의 생명을 유지하는 데 필요한 3가지 영양소를 말한다. 탄수화물과 지방은 주로 에너지를 내는 데 쓰이고 단백질은 몸을 구성하는 데 쓰인다.

그러고는 충격적인 말을 아주 덤덤하게 이어 갔어.

"조금 있으면 우린 똥과 함께 변기 속으로 풍덩 빠지게 될 거야."

우린 누가 먼저랄 것도 없이 동시에 소리쳤지.

"안 돼! 똥이 될 순 없어!"

## 오줌은 어떻게 만들어지고 몸 밖으로 나갈까?

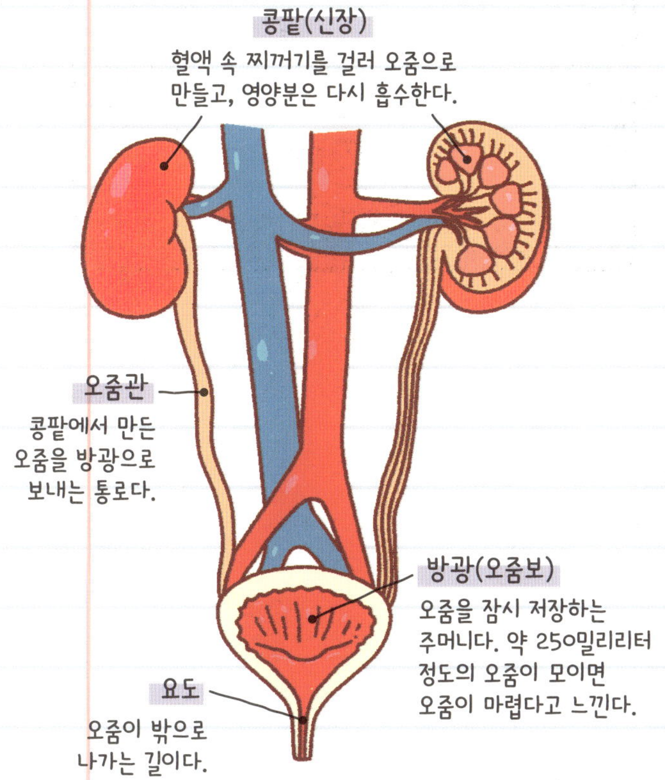


## 하루에 오줌을 얼마나 눌까?

하루에 콩팥에서 걸러 내는 혈액은 약 200리터이고, 오줌의 양은 1~2리터 정도다.

## 오줌을 누면 왜 몸이 부르르 떨릴까?

오줌을 누면 몸 안의 열이 밖으로 나가는데, 순간적으로 몸의 온도를 높이기 위해 근육을 빠르게 움직이는 것이다.

똥이 되기 직전, 우리를 구해준 건 매직 엘리베이터였어. 46층에서 엘리베이터 문이 열렸고, 눈앞엔 걸쭉한 수프 같은 것이 둥둥 떠 있었어. 엘베르토는 빨간 원반에 올라탔어. 우리도 따라 탔지.

"작은창자 기억나? 작은창자에서 융털 속으로 흡수된 영양소는 혈액과 함께 혈관을 타고 몸 구석구석 운반돼. 우린 지금 혈관 속이야."

엘베르토가 신나서 말했어.

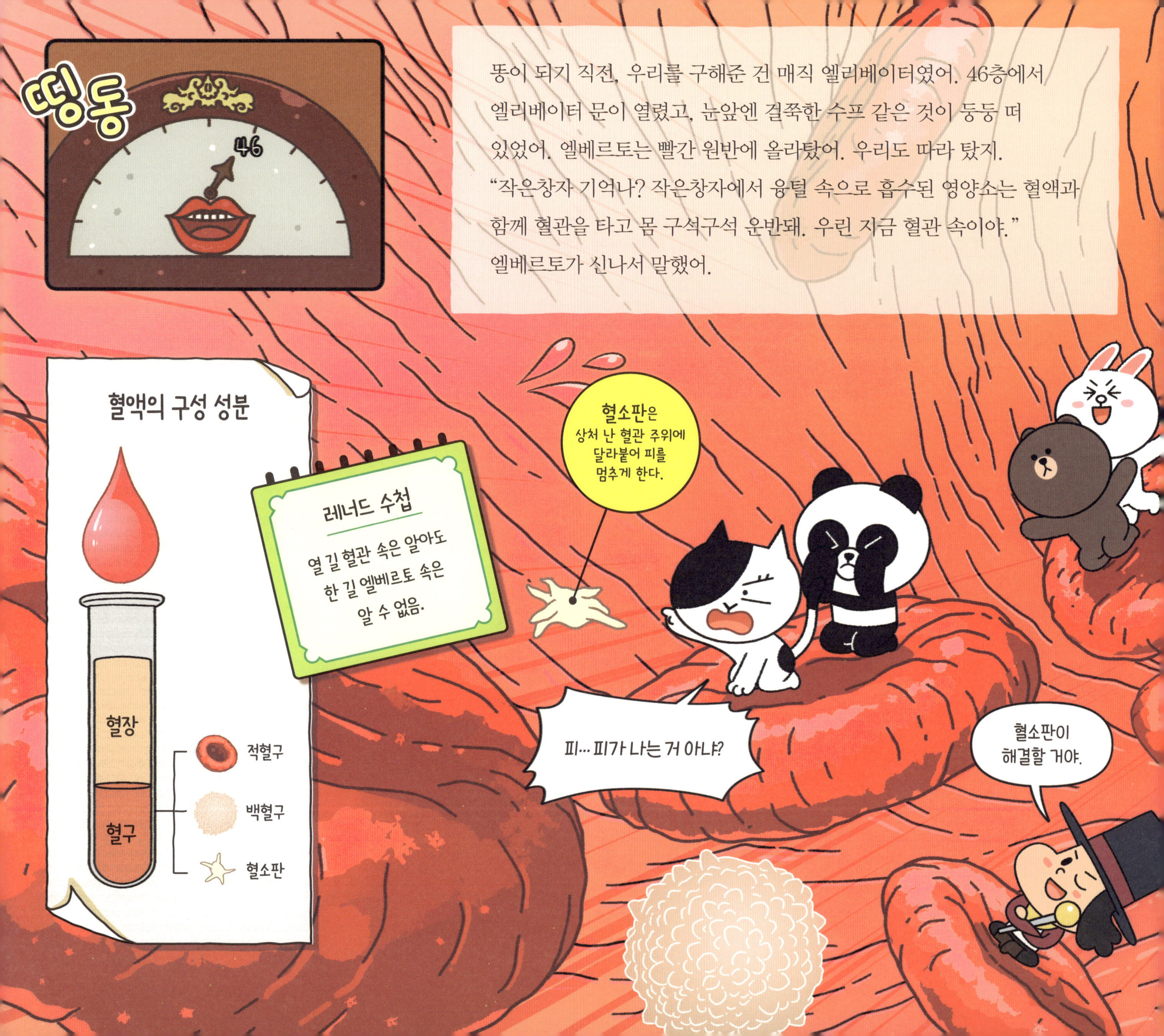

'그런데 이상하네? 혈액은 빨간색 아닌가?'
마치 내 생각을 읽기라도 한 것처럼 엘베르토가 말했어.
"혈액에는 혈장이라는 투명 액체 안에 혈액 세포인 적혈구, 백혈구, 혈소판이 동동 떠 있어. 피가 빨갛게 보이는 건 우리가 타고 있는 적혈구에 빨간 색소를 가진 헤모글로빈이 들어 있기 때문이지."
그때 어디선가 '쿵쿵' 커다란 소리가 들리기 시작했어.

혈액은 한 방향으로만 흐른다. 혈액은 동맥을 따라 온몸에 영양소와 산소를 운반한다.
온몸을 돈 혈액은 정맥을 통해 다시 심장으로 돌아온다.

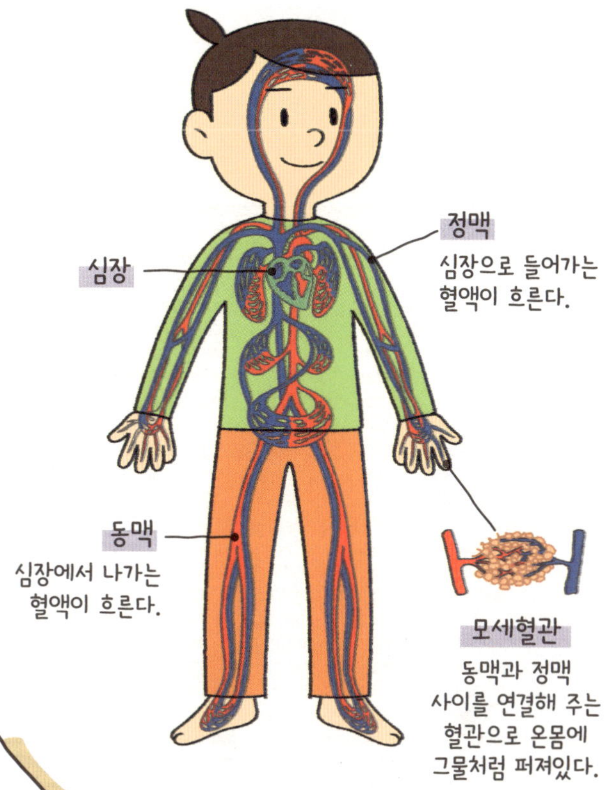

'쿵쿵' 소리가 나는 곳은 심장이었어. 심장의 판막이 열렸다 닫혔다 하면서 내는 소리였지.

"심장은 심방 2개, 심실 2개로 총 4개의 방이 있어. 혈액은 심방으로 들어갔다가 심실로 나오지. 우린 방금 우심방으로 들어왔어."

엘베르토는 마치 자기 방을 소개하듯 말했어.

- 심장은 펌프처럼 혈액을 받아들이고, 온몸에 보내는 일을 한다.
- 혈액을 받아들일 때는 이완, 내보낼 때는 수축한다.
- 심장은 스스로 움직이는 근육으로 되어 있다.
- 심장은 평생 30억 번 정도 뛴다.

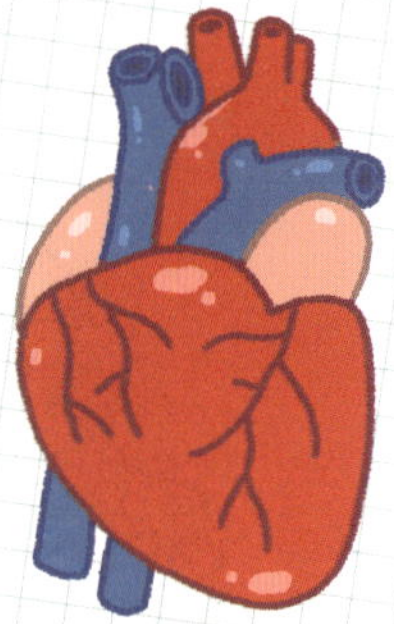

## 혈액은 어디서 만들어질까?

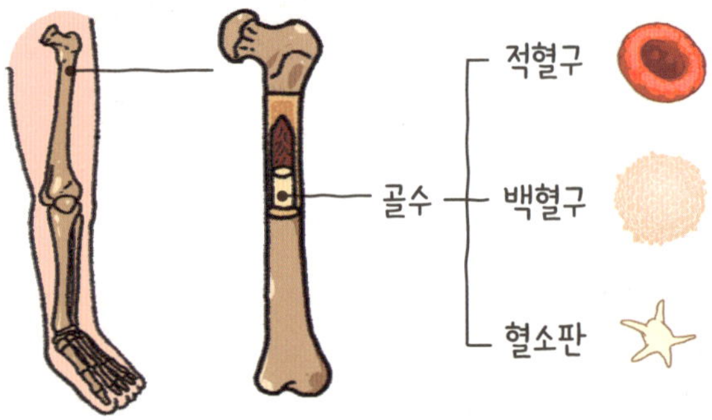

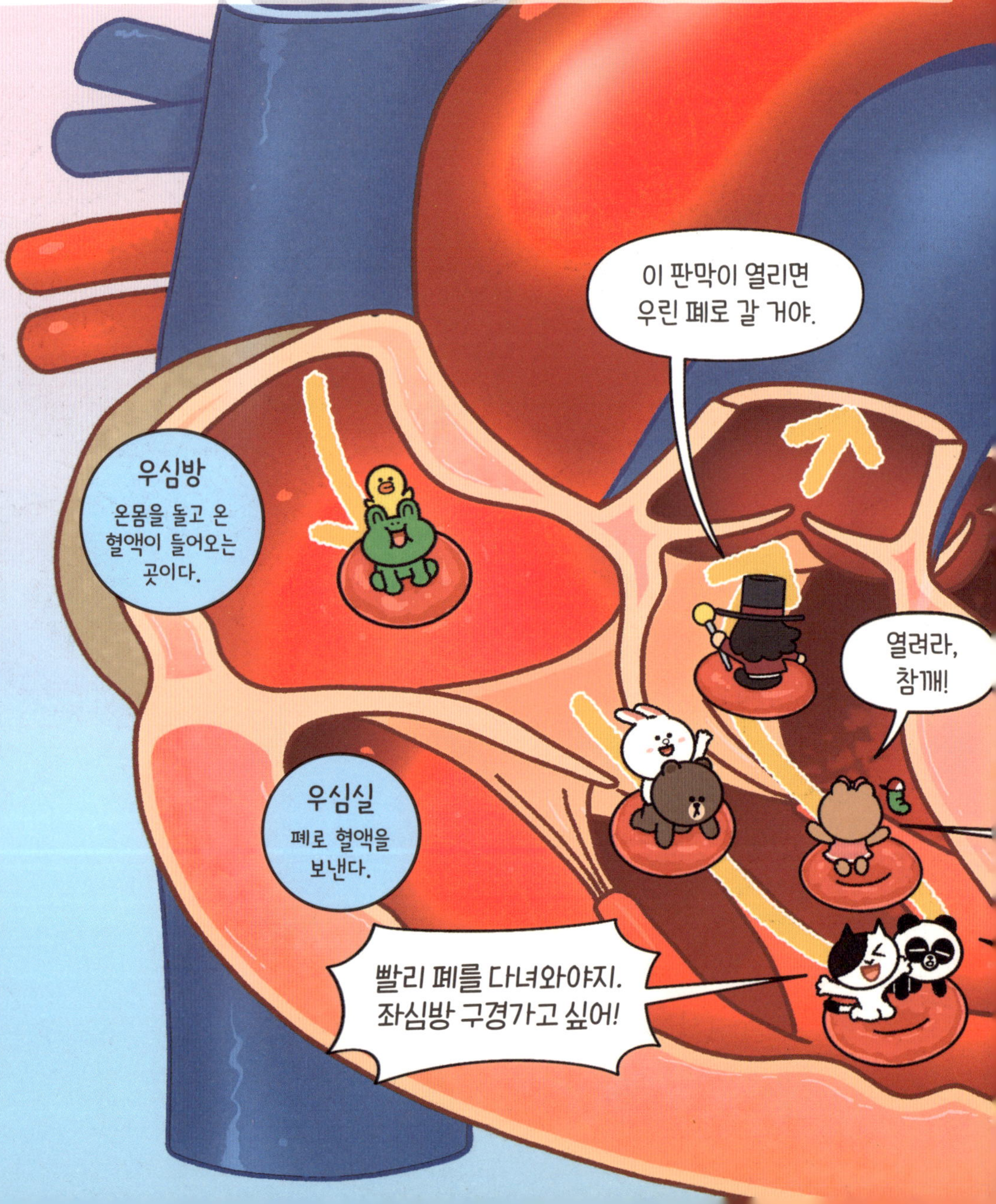

엘베르토는 심장에서는 혈액이 다니는 길이 정해져 있다고 했지.
"온몸을 돈 혈액은 우심방으로 들어와서 우심실을 통해 폐로 보내지고,
폐에서 다시 좌심방으로 들어와서 좌심실을 통해 온몸에 보내져.
이게 혈액의 길이야."
지금 우심실에 있는 우리가 다음에 갈 곳은 폐라는 이야기였어.

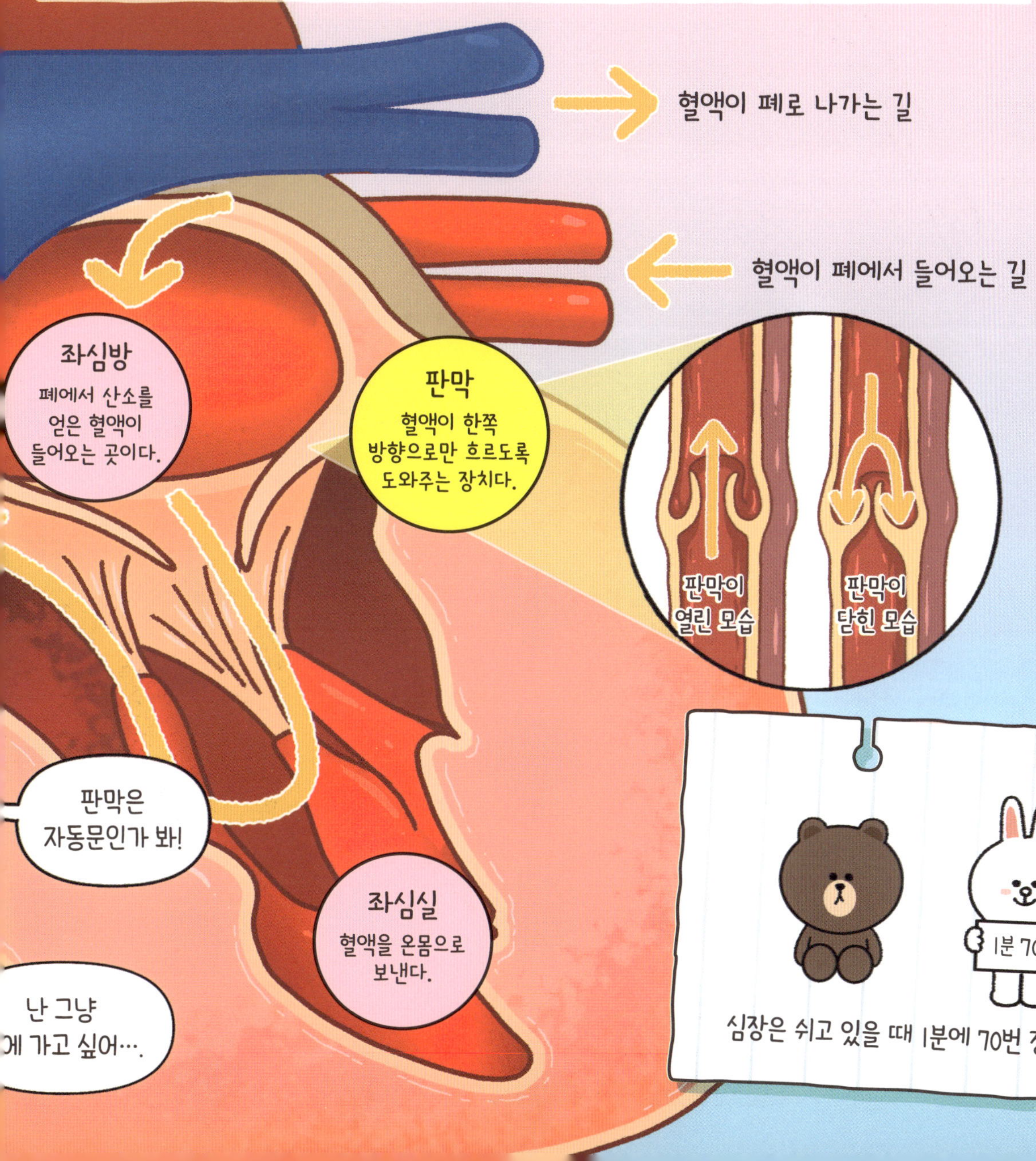


## 심장과 폐는 짝꿍!

- 심장과 폐는 가슴 부위에서 서로 연결된 채 함께 일한다.
- 심장은 온몸을 돌고 온 혈액을 폐로 보낸다.
- 폐에서 산소를 품은 혈액이 다시 심장으로 들어간다.
- 심장은 피를 힘껏 내뿜어 몸 구석구석으로 보낸다.

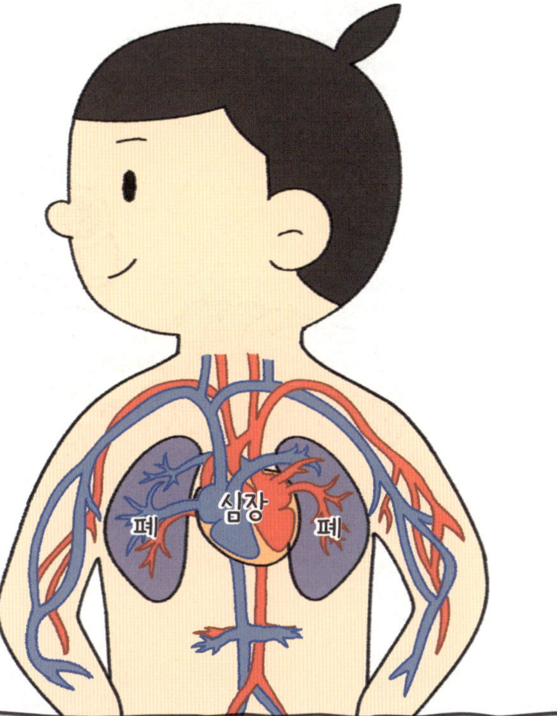

심장은 쉬고 있을 때 1분에 70번 정도 뛴다.

달릴 때는 1분에 200번도 넘게 뛴다.

우리는 적혈구를 타고 심장과 폐를 연결하는 혈관을 통해 폐로 왔어. 폐는 주렁주렁 포도송이 같은 폐포로 가득했어. "폐포는 작은 공기주머니라고 할 수 있지." 도통 알 수 없는 이야기에 우리가 갸웃거리자 엘베르토는 묘한 표정을 지으며 어딘가에 빛을 비췄어. 그러자 포도송이 같은 폐포 하나가 보이더니 점점 커졌어. 우린 모두 놀라 입이 떡 벌어졌지.

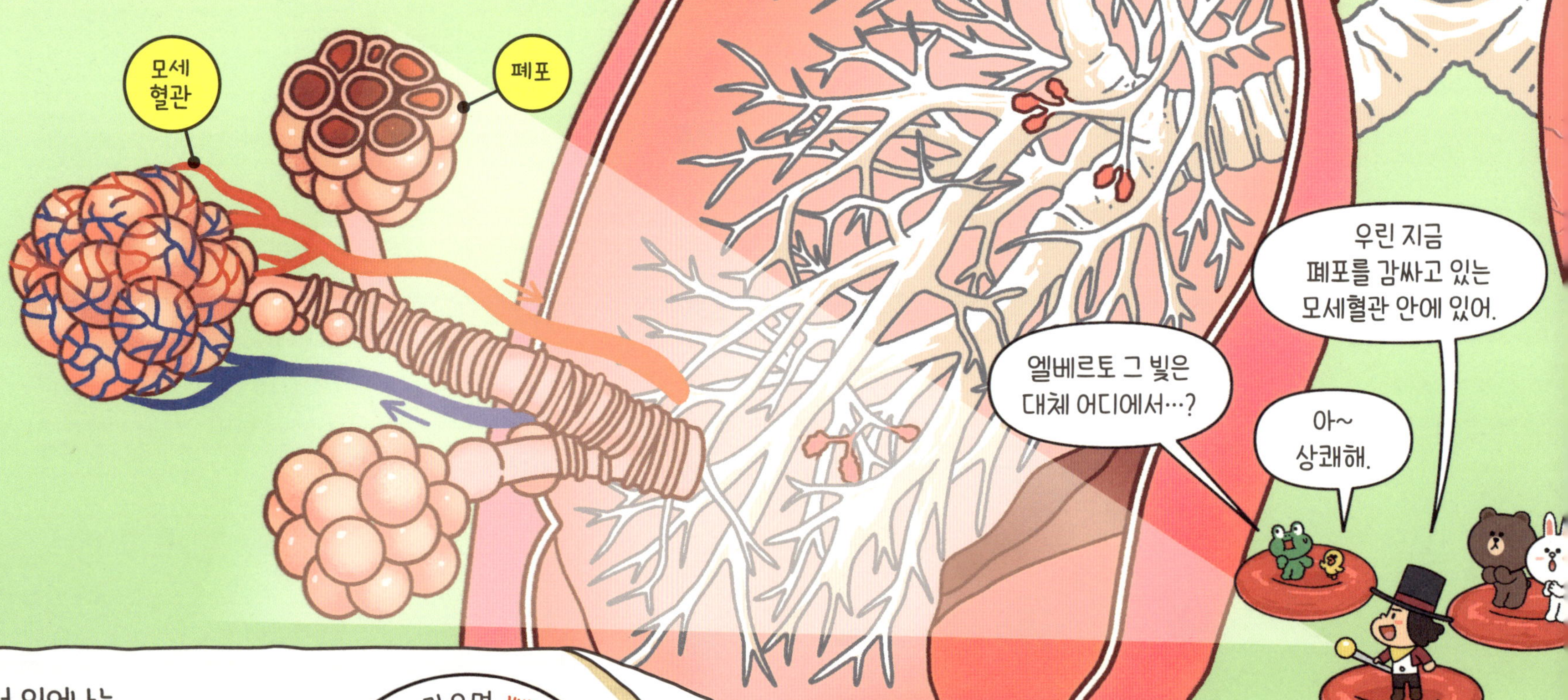


### 폐포에서 일어나는 가스 교환

폐포로 들어온 산소는 혈액으로 들어가고, 혈액 속에 있던 이산화 탄소는 폐포로 나온다. 숨을 내쉬면 이산화 탄소가 몸 밖으로 나간다.

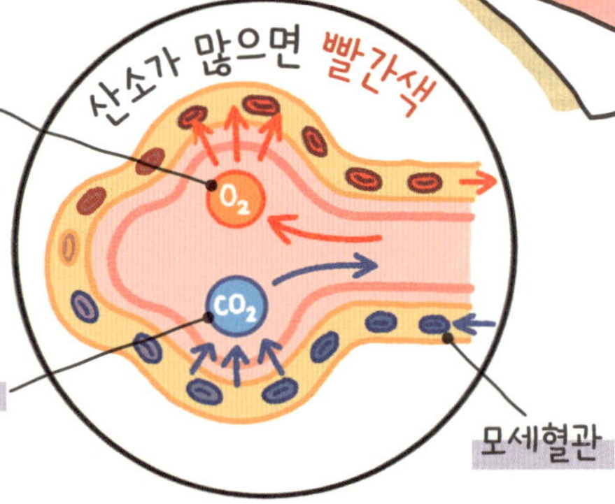


**과학 낱말 사전**

가스는 기체라고도 하며 일정한 모양과 부피를 갖지 않는다.

엘베르토는 숨을 크게 들이마셨다 내쉬며 설명했어.

“이렇게 숨 쉬는 걸 ‘호흡’이라고 해. 숨을 들이쉴 때 공기가 폐포 속으로 들어오는 거야. 그러면 폐포를 감싸고 있는 모세혈관 속으로 산소가 스며드는 거지.”

엘베르토는 혈액이 폐포를 지나며 선명한 붉은색으로 바뀌자 산소가 가득하다는 증거라고 말했어. 우린 다시 적혈구를 타고 심장으로 돌아갔어. 좌심방, 좌심실을 거쳐 계속 위로 올라갔지.

대체 어디로 가는 걸까?

“힌트를 줄까? 사람의 몸에서 산소가 가장 필요한 곳이야.”

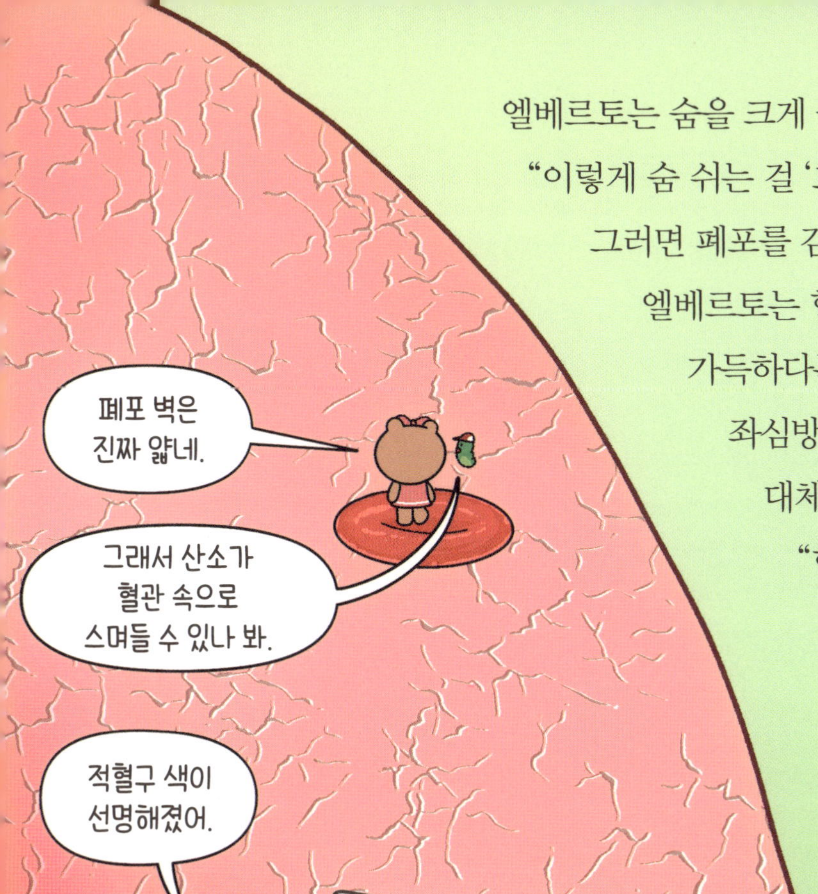


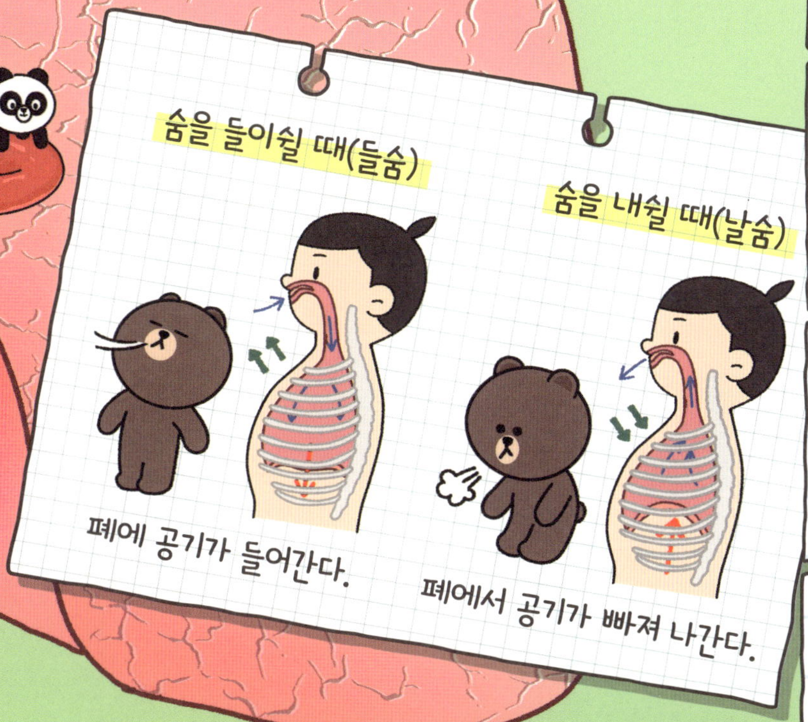


- 숨을 쉴 수 있도록 도와주는 몸의 기관을 ‘호흡 기관’이라고 한다.
- 코와 입, 기관, 기관지, 폐가 있다.

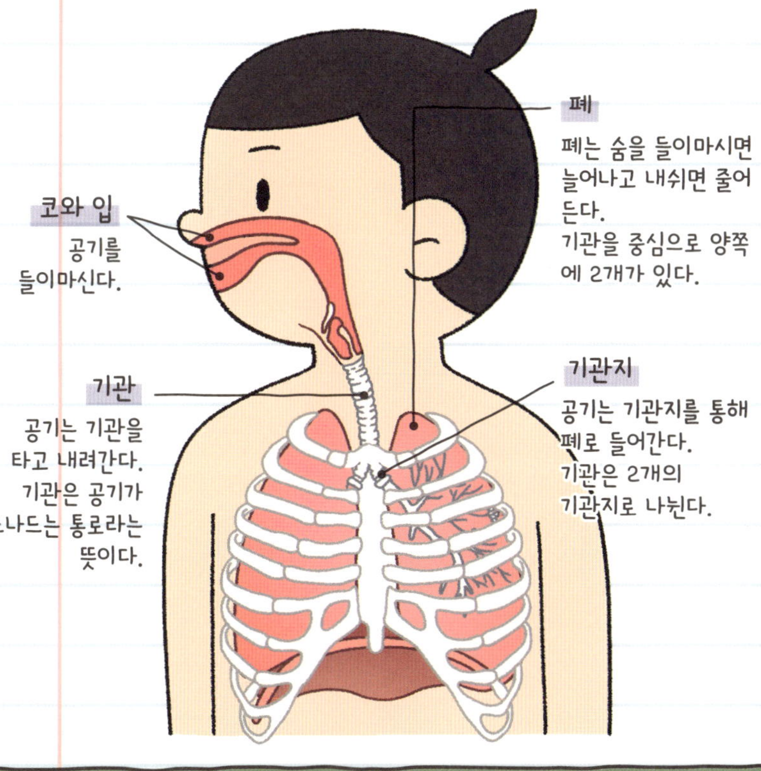

엘베르토는 적혈구에서 폴짝 뛰어내렸어.

"여긴 사람의 뇌야! 몸에서 산소가 가장 필요한 곳이지. 뇌는 사람이 생각하고, 말하고, 느끼게 해 줘."

이 주름진 덩어리가 뇌라니, 누군가의 머릿속에 있다는 생각에 흥분을 감출 수가 없었어.

이때 엘베트로가 말했어.

"뇌는 신경세포 수천 억 개로 이루어져 있는데 쉴 새 없이 우리 몸의 기관들과 신호를 주고받아!"

- 뇌 조직 안에는 수많은 신경세포 '뉴런'이 있다.
- 뉴런은 촉수처럼 생긴 가지 돌기가 다른 뉴런과 연결되어 신호를 주고받는다.
- 뉴런의 돌기를 따라 전류가 흐르면서 여러 가지 일을 한다.

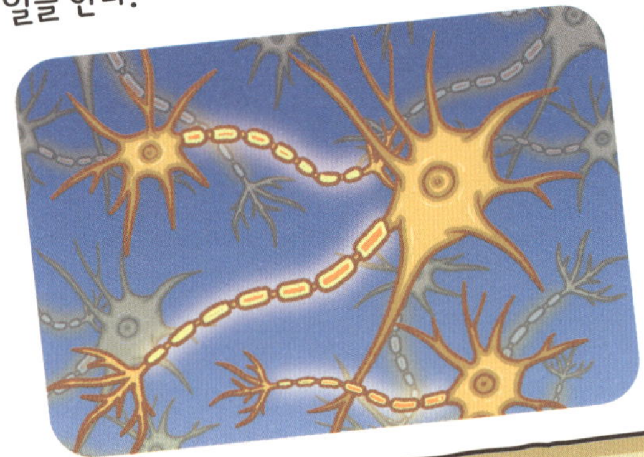

### 머리가 아픈 건 뇌가 아픈 게 아니다?

뇌세포에는 통증을 느끼는 감각 신경이 없다. 머리가 아픈 것은 뇌가 아픈 게 아니라 머리 근육이나 피부가 긴장해서인 경우가 많다. 눈이나 혈관 문제로 머리가 아프다고 느낄 수도 있다.

### 뇌 단면 구조

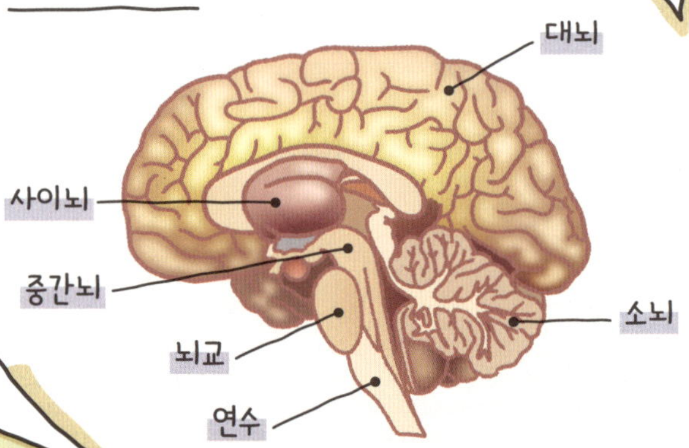

"신호를 주고받으며 몸을 움직이도록 지휘하는 거지."
모든 것을 뇌가 명령한다니 정말 멋졌어.
대뇌에 있는 신경세포는 어디로 어떻게 신호를 보내는 걸까?

"저 신호를 따라가 보자! 모두 엘리베이터에 타!"
엘베르토가 외쳤어.
'엘베르토가 또 내 생각을 읽은 건가?'

### 왼쪽 뇌와 오른쪽 뇌는 잘하는 게 다르다?

왼쪽 뇌는 주로 생각하고 계산하는 이성적인 일에 관여한다.

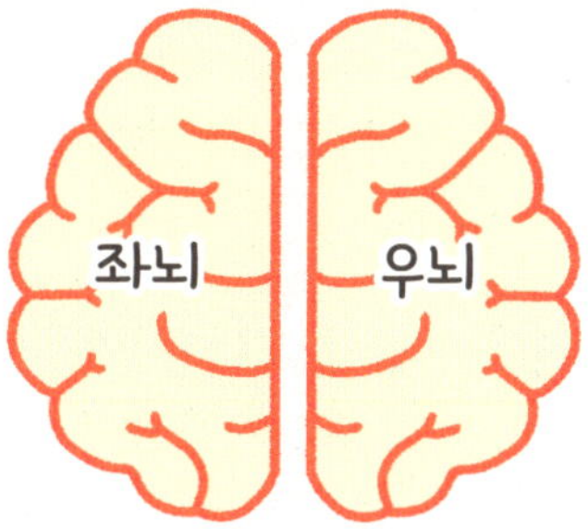


오른쪽 뇌는 그림이나 노래 부르기 등의 창의적인 일에 관여한다.

### 꿈은 뭘까?

낮 동안에 한 생각을 뇌가 정리하면서 꿈을 꾸게 되는 것이다.
보통 사람들은 하루에 4~5가지 꿈을 꾼다.

### 머리가 크면 더 똑똑할까?

매직 엘리베이터는 신경을 따라 흐르는 전류를 타고 다시 아래로 아래로 내려갔어. 엄청나게 빠른 속도였어.

"지금 우리는 척수를 타고 내려가고 있어. 척수는 뇌와 몸을 연결하는 두꺼운 신경 다발이야. 등뼈 안에 있지. 척수에서 뻗어나간 신경 세포들이 온몸 구석구석과 신호를 주고받는 거야"

엘베르토는 뇌에서 몸 어딘가에 움직이라는 신호를 보내기도 하지만 반대로 몸에서 느낀 신호도 뇌로 전달된다고 했어. 엘베르토는 엘리베이터 속도만큼이나 빠르게 설명하느라 바빴지. 그때 덜컹거리며 엘리베이터는 어딘가로 빨려 들어갔어.

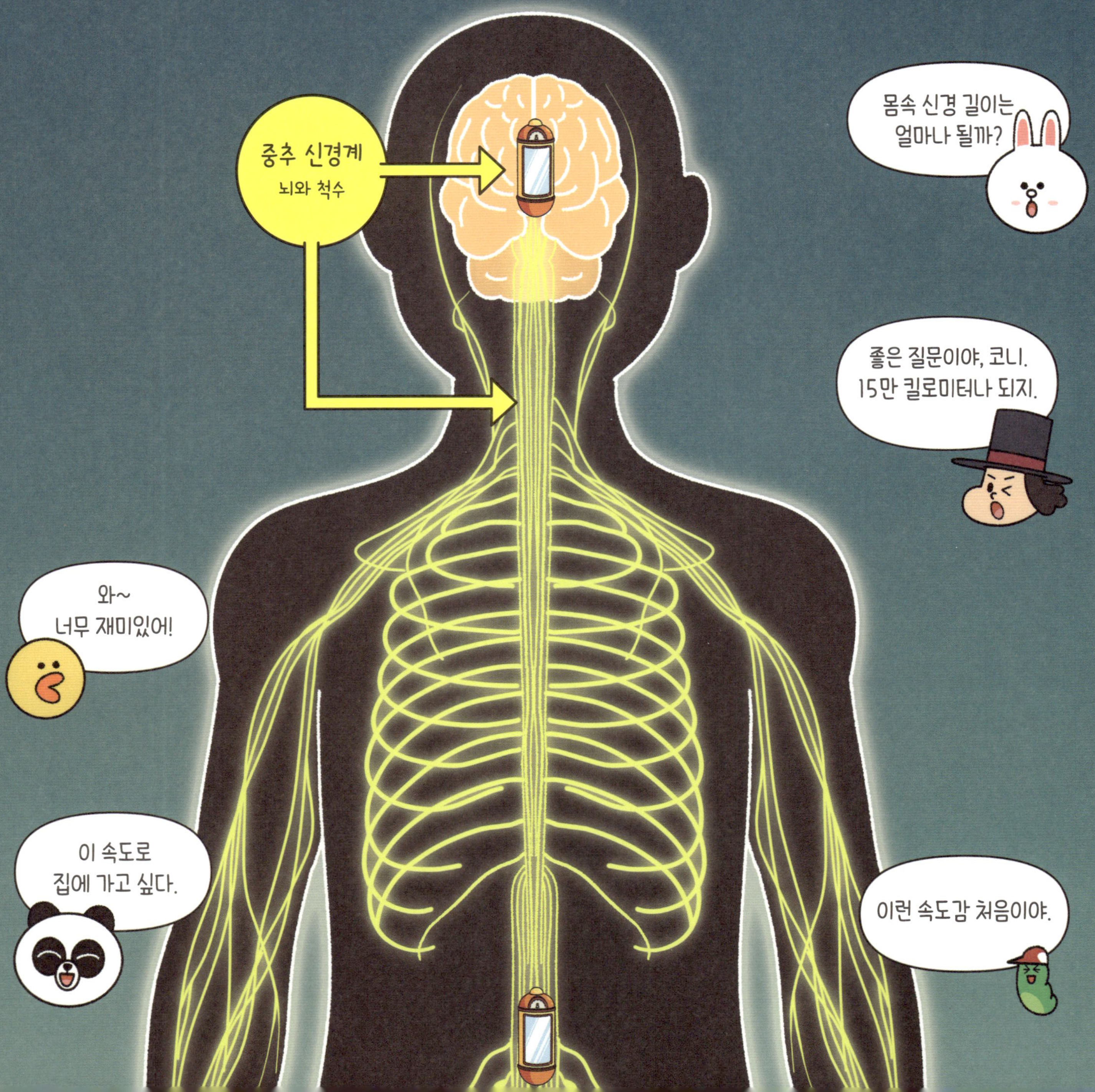

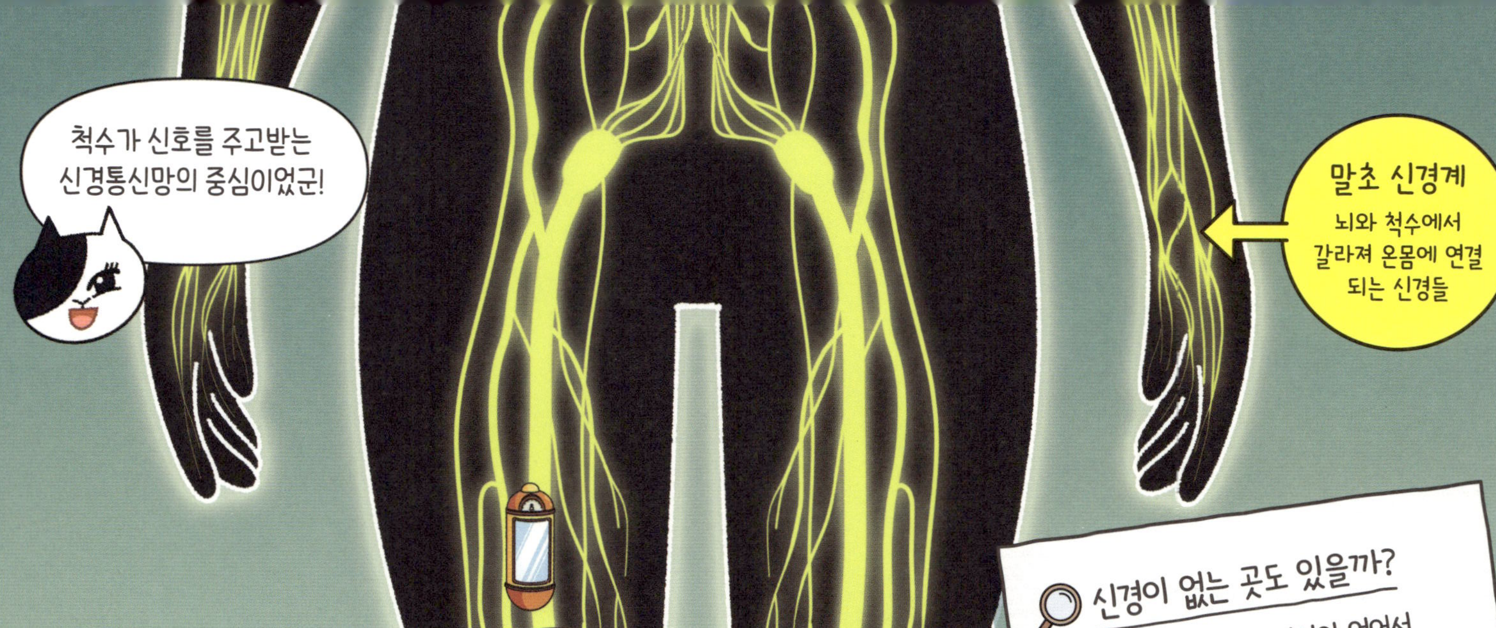


## 신경이 없는 곳도 있을까?

손톱과 발톱에는 신경이 없어서 잘라도 아프지 않다. 마찬가지로 머리카락에도 신경이 없어서 잘라도 아프지 않다.

## 신경계

- 가느다란 신경 섬유들이 모여 다발을 이루며 서로 연결된 망을 신경계라고 한다. 신경계는 중추 신경계와 말초 신경계로 구분한다.
- 신경은 신경 세포로 이루어져 있는데, 신경 세포가 바로 뉴런이다.
- 우리가 느낀 감각은 말초 신경을 통해 척수로 전달된다. 척수를 지나가는 신경이 뇌로 신호를 보내 준다.

## 말초 신경계

온몸에 퍼져 있어서 중추 신경계와 몸을 연결한다. 감각 신경과 운동 신경으로 나뉜다.

### 감각 신경

몸에서 오는 전기 신호를 받고 어떤 움직임이 필요한지 뇌한테 알려 준다.

### 운동 신경

어떻게 움직여야 하는지 뇌가 보낸 신호를 근육에게 전달한다.

## 중추 신경계

- 뇌: 몸의 각 부분에서 신호를 받아 어떻게 움직이고, 말할지 결정하고 조절한다.
- 척수: 신경을 타고 들어온 정보를 뇌로 전달한다. 급할 때는 뇌를 거치지 않고 직접 명령을 내리기도 한다.

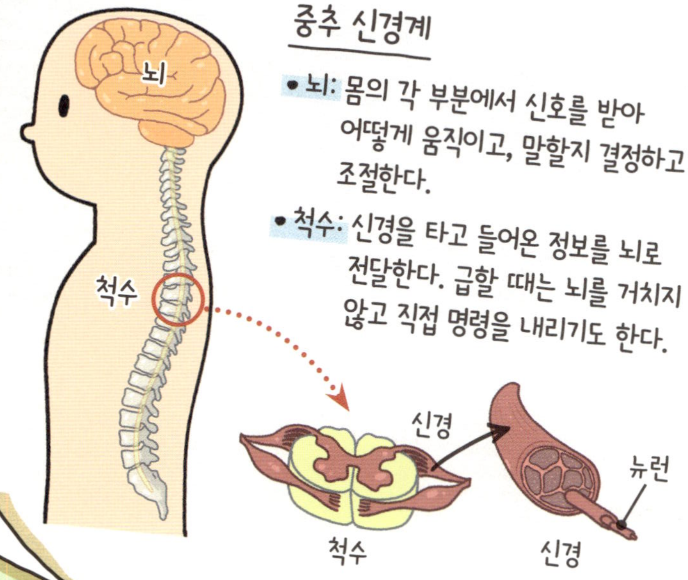


## 자율 신경계

뇌의 직접적인 영향을 받지 않고, 몸의 기능을 자율적으로 조절한다. 심장 박동, 호흡, 소화, 눈물과 침의 분비 등을 자율 신경계에서 담당한다.

206층에서 매직 엘리베이터의 문이 열렸어. 엘베르토도 여기가 어딘지 잠시 당황하는 눈치였지.
"아, 무릎 뼈와 근육이 잘 보이는 곳에 와 있어. 단단한 뼈들이 모여 뼈대를 이루고 우리 몸을 기둥처럼 받쳐 주지. 그래서 몸속 여러 기관을 보호해 줄 수 있는 거야."
엘베르토는 마치 처음부터 이곳에 오려고 했던 것처럼 매직카드를 꺼내 인체 지도를 보며 수다를 떨었어.

### 뼈와 근육은 짝꿍?

- 몸에 뼈가 없다면 제대로 서지 못하고 몸을 지탱할 수 없다. 근육이 없다면 뼈는 움직이지 못한다.
- 뼈에 붙은 2개의 근육이 한 쌍을 이루어 몸을 움직이게 만든다.
- 힘줄은 뼈에 근육을 연결시켜 준다.

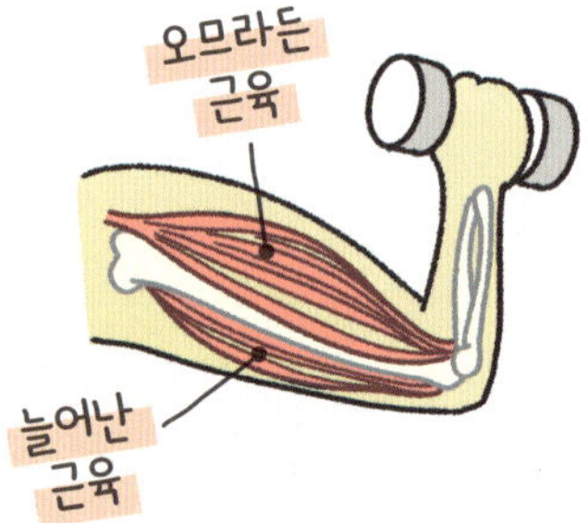


팔을 굽히면 팔 안쪽 근육이 오므라들고 바깥쪽 근육은 늘어난다.

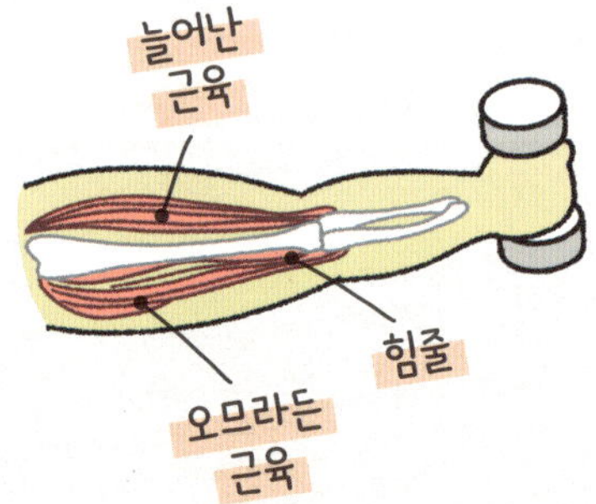


팔을 피면 팔 안쪽 근육이 늘어나고 바깥쪽 근육이 오므라든다.

엘베르토는 움직이는 뼈와 뼈 사이 관절에 끼거나 근육에 눌리지 않게 조심하라며 웬일로 우리를 챙겨 줬어.
그때 어디선가 말하는 목소리가 크게 울렸어.
"운동 좀 해 볼까? 으라차차차!"
"누구지? 누가 말한 거야?"
엘베르토는 근육이 더 빠르게 움직일 거라며 피부로 빠져나가야 한다고 했어. 우린 재빠르게 움직였어.

- 골격계는 우리 몸을 떠받쳐 주는 뼈대를 말한다.
- 206개의 뼈와 관절이 연결되어 골격계를 만든다.
- 뼈의 $\frac{1}{4}$은 다리에 모여 있고, 손과 발에 가장 많은 뼈가 있다.

- 근육계는 뼈를 잡아당겨 우리 몸을 움직이게 하는 근육들을 말한다.
- 약 650개의 근육이 우리 몸의 뼈를 둘러싸고 있다.
- 근육은 크게 골격근, 내장근, 심장근으로 나뉜다.

운동을 꾸준히 하면 내 근육도 커지겠지?

**관절**
뼈와 뼈가 맞닿아 연결되는 부위로 연골과 인대로 이루어져 있다. 관절이 있어서 몸을 구부릴 수 있다.

**레너드 수첩**
엘베르토는 사람 속을 꿰뚫어 보는 능력이 있음.

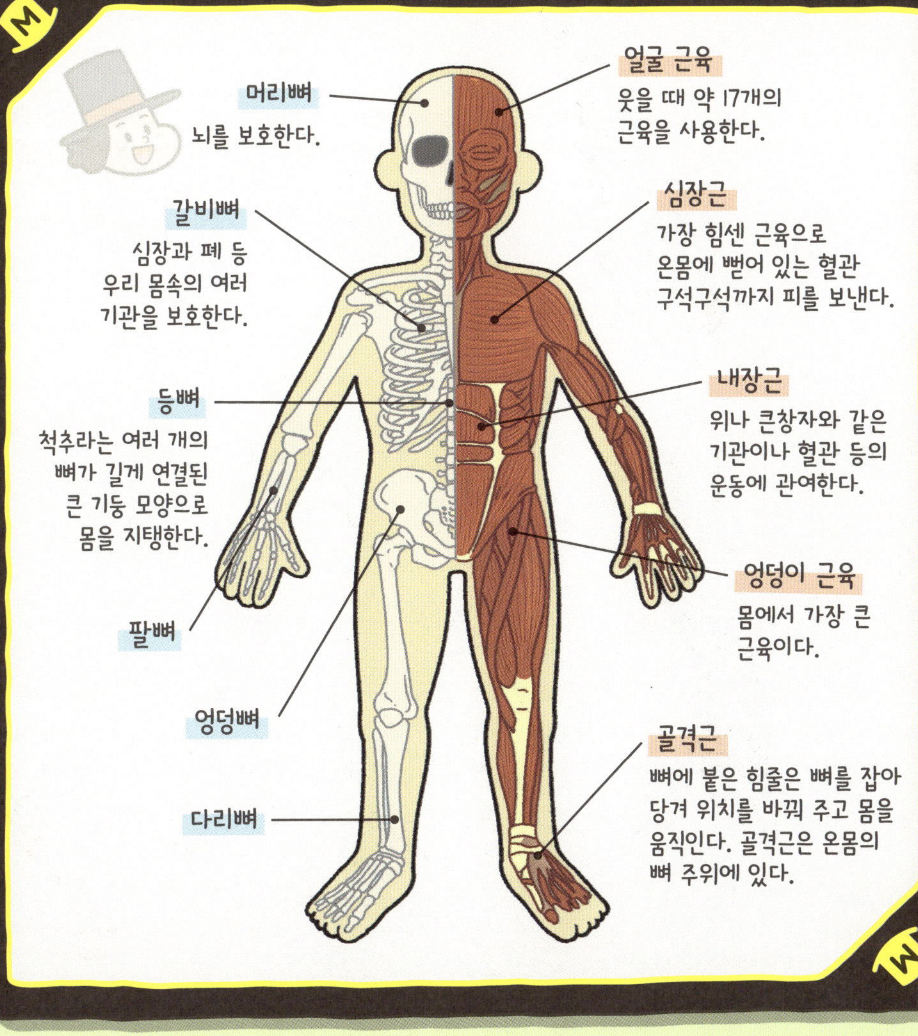

### 손톱, 발톱도 피부일까?

손톱, 발톱은 피부가 단단하게 변한 것으로 손가락, 발가락을 보호한다. 죽은 세포로 이루어져 있어서 깎아도 아프지 않다.

우리는 정신없이 엘베르토를 쫓아갔어. 그런데 이상했지. 피부라면 몸 밖이어야 하는데, 우린 여전히 몸속에 있었거든. 눈치 빠른 엘베르토가 말했어.

“여긴 피부 한가운데인 진피야. 피부는 겉피부인 표피와 안쪽의 진피, 그리고 지방이 케이크처럼 층층이 쌓여 있거든.”

엘베르토는 피부가 세균, 물, 햇빛으로부터 몸을 보호하고 체온을 조절해 준다고 했어.

아픔, 뜨거움, 차가움, 부드러움 등을 느낄 수 있는 것도 다 피부 덕분이라고 했지.

"다들 땀샘에 빠지지 않게 조심해."

엘베르토의 경고는 아무 소용없었어. 우린 이미 땀샘에 빠지고 말았거든.

엘베르토는 장난스럽게 웃으며 말했지.

"인체 탐험의 마지막은 땀과 함께 즐기면 되겠군!"

### 때는 왜 생길까?

피부는 끊임없이 새로 생겨난다. 새 피부는 오래된 피부를 위로 밀어낸다. 바깥으로 밀려난 피부는 먼지와 땀이 섞여서 때가 되는 것이다.

### 땀은 왜 날까?

몸의 체온은 일정하게 36.5도로 유지된다. 몸에 열이 나면 땀이 나오고, 이 땀이 마르면서 몸의 열을 빼앗아 체온을 조절한다. 땀을 통해 몸속에 생긴 찌꺼기와 필요 없는 물을 내보낸다.

**통점** 통증을 느낀다.

**냉점** 차가움을 느낀다.

**온점** 따뜻함을 느낀다.

**압점** 압력을 느낀다.

땀샘에 빠졌던 우린 긴 관을 타고 밖으로 나왔어.
"땀과 함께 밖으로 나가는 기분이 어때? 정말 멋지지 않아?"
뒤에서 엘베르토의 목소리가 희미하게 들려왔어. 우리 몸이
다시 원래대로 커지는 것이 느껴졌어. 레너드는 또 멀미를 했고,
팡요는 눈물까지 흘리며 기뻐했지.

그런데 헬스트레이너 얼굴이 왠지 낯익었어. 그는 마치 우리를 아는 것처럼 말했어. 하지만 다들 몸속 탐험 이야기를 나누는 데 정신이 팔려 있었지.

아지트로 돌아온 우리는 여느 때처럼 보고서를 만들었어.
이번 인체 보고서는 퍼즐로 만들었지.

매직 엘리베이터 클럽 규칙
하나. 궁금한 게 있을 땐 참지 않는다!
둘. 매직 엘리베이터를 타고 신나게 모험을 즐기며 궁금증을 해결한다!
셋. 모험이 끝난 뒤엔 모험 보고서를 쓴다!(형식은 마음대로)
<소화 여행 시간표>
입- 5분 30초
식도- 1~8초
위- 3~4시간
작은창자- 3~6시간
큰창자- 12~48시간
레너드 수첩
1. 엘베토르는 몸에 대해 잘 안다.
2. 절대 멀미하지 않는다.
3. 선택을 강요하는 경향이 있다.
4. 사람 속을 꿰뚫어 보는 능력을 지녔다.
식도에서 위로 내려가는 길은 정말 내 스타일이 아니었어!
다음 번엔 간에도 꼭 가야지!
진심이야? 집이 최고지. 또 어딜 간다고?

아지트를 발견하다.
어느 날
저기에 원래 문이 있었나?
브라운과 코니, 레너드는 아파트 한구석에서 문 하나를 발견했어.
파앗
여긴 어디지? 문 안에서 이상한 기운이 느껴지는 것 같은데….
초코는 초대장을 받았고
초대장? 누가 보낸 거지?
◆ 초대장 ◆
이 지도를 보고 찾아 오시오.
보낸 사람:천재
제시카와 팡요는 책을 발견했지.
이 책을 주우신 분은 라인아파트 지하로 가져다 주세요?
그냥 두고 가자~. 주인이 찾으러 오겠지!
계세요? 카드 보고 찾아왔는데요.
끼익
야호! 뭔가 재미있는 일이 일어날 것 같은데!
친구들 모두 뭔가에 이끌려 여기로 찾아왔어.

문을 열어 볼까?
다들 정말 오랜만이야!
우리 오늘 처음 만난 건데…?
벽에는 무언가 적혀 있었지.
???
엘리베이터를 타고 모험을 떠나 보세요!
브라운, 왜 그래?
엘리베이터를 타고 모험을 떠나 보세요!
찌익
???
매직 엘리베이터 클럽 가입 신청서?
엘리베이터를 타고 모험을 한다고?
누가 쓴 건지 정체를 밝혀 주겠어!
흠…. 믿을 수가 없군.
제시카, 이제 그만 집에 가면 안 될까?
우리는 그렇게 아지트를 발견했어. 앞으로 이곳에서 어떤 일이 벌어질까?

# ★ 감수자의 글 ★

우리가 살고 있는 세상에는 궁금한 것도 많고 알고 싶은 것도 많습니다.
이러한 궁금증은 바로 과학을 통해 해결할 수 있지요. 과학은 어떤 사건이나 현상을 이해할 수 있는 기본 원리가 담긴 학문입니다. 저학년 어린이들은 과학에 대한 흥미가 높습니다.
현미경, 시험관, 비커 등의 실험 기구를 가지고 탐구하며 신나게 궁금한 점을 해결합니다.
그런 과정을 통해 과학이 우리의 생활과 뗄 수 없는 것임을 알기도 합니다.
하지만 고학년으로 갈수록 과학을 점점 어렵게 생각하고 포기하는 학생들이 늘어납니다. 왜 그럴까요?
과학의 개념들을 충분한 이해 없이 그저 외우려고만 하기 때문입니다.
학년이 올라갈수록 배워야 하는 과학의 양은 늘어나니 외워야 할 것이 많아지고,
개념이 복잡해지기 때문에 과학이 어렵다고 느끼는 것이지요. 따라서 어렸을 때 과학을 외워야 하는 따분한 과목이 아닌 재미있는 과목으로 느낄 수 있도록 해야 합니다.

매직 엘리베이터를 타고 과학 모험을 떠나 보세요. 평소 궁금했던
여러 가지 현상들의 과학 원리에 대해 알 수 있답니다. 브라운앤프렌즈 캐릭터들과 함께
사람의 몸속, 공룡 시대, 곤충의 세계, 별과 우주, 심해 등 다양한 곳을 탐험하면서 자연스럽게
과학에 대한 흥미와 호기심, 지식을 쌓을 수 있습니다.

**매직 엘리클럽에 가입하고 신나는 모험의 세계로 떠나 볼까요?**

- 황신영 -

**글** 황시원, 한고은 **그림** 도니패밀리 **감수** 황신영
**초판 1쇄 발행** 2021년 11월 24일
**초판 2쇄 발행** 2022년 7월 15일

**펴낸이** 김영곤
**키즈사업본부장** 김수경 **에듀1팀** 김지혜 김현정 김지수 **디자인** 박지영
**아동영업마케팅본부장** 변유경 **아동영업팀** 이도경 오다은 김소연 **특판영업팀** 한충희
**아동마케팅1팀** 김영남 문윤정 고아라 이규림 **아동마케팅2팀** 황혜선 이해림 최예슬
**라인프렌즈** 강병목 김은솔 김태희

**펴낸곳** (주)북이십일 아울북 **출판등록** 2000년 5월 6일 제406-2003-061호
**주소** (우 10881) 경기도 파주시 문발동 회동길 201
**연락처** 031-955-2100(대표) 031-955-2414(내용문의) 031-955-2177(팩스) **홈페이지** www.book21.com
**ISBN** 978-89-509-9807-3 (74400)

오래된 물건들은 신비한 힘을 품고 있어.
매일같이 보던 물건이 유난히 다르게 보일 때가 있지.
그때가 바로 신비한 힘이 발휘되는 순간이야.
마치 마법처럼 말이야.